EXAMEN

DE LA

CONDUITE DU PRÉSIDENT

DE LA CHAMBRE DES DÉPUTÉS.

EXAMEN

DE LA

CONDUITE DU PRÉSIDENT

DE LA CHAMBRE DES DÉPUTÉS,

Dans la discussion relative à la proposition faite par M. le Comte de La Bourdonnaye, le 27 février 1823, pour exclure M. Manuel de la Chambre des Députés.

PAR M. S^{t}. GIRARDIN,

DÉPUTÉ DE LA SEINE-INFÉRIEURE.

PARIS.

PLANCHER, LIBRAIRE, QUAI SAINT-MICHEL, N°. 15.

1823.

EXAMEN

DE LA

CONDUITE DU PRÉSIDENT

DE LA CHAMBRE DES DÉPUTÉS,

RELATIVEMENT

À la proposition faite par M. le Comte de LA BOURDONNAYE, le 27 février 1823, pour exclure M. MANUEL de la Chambre des Députés.

LE parti qui domine aujourd'hui la France, et la précipite dans une guerre dont les conséquences épouvantent ceux qui veulent en mesurer l'étendue, a senti qu'il était indispensable, pour la réussite de ses projets d'éloigner successivement de la Chambre des Députés les défenseurs courageux des droits du peuple, des intérêts nés de la révolution, et les partisans éclairés des libertés publiques ; il a donc fait usage, pour y parvenir, à l'époque des dernières élections, des moyens puissans qui se trouvent être momentanément à son entière disposition : ses succès ont dépassé ses espérances ; mais un seul revers a troublé la joie de ses triomphes. Où l'a-t-il éprouvé ? là où il croyait n'avoir pas à le craindre. La réélection de M. Manuel, dans le département de la Vendée, sur cette terre *classique de la fidélité*, a été pour cette faction une défaite véritable ; aussi sa nomination était à peine connue, qu'une intrigue *jésuitique* s'occupait déjà des moyens à prendre pour l'annuler. Ce qu'on n'a osé faire à l'ouverture des Chambres, à la vérification des pouvoirs, n'était qu'ajourné : le plan n'en existait pas moins ; il fallait un prétexte pour l'exécuter, il a été saisi la première fois que M. Manuel a paru à la tribune depuis l'ouverture de cette session. M. Ravez avait-il été mis dans la confidence? Je ne veux pas répondre à cette question : un examen impartial de sa conduite, dans le cours de cette déplorable affaire, montrera assez quelle part doit lui être attribuée dans la résolution illégale prise le 3 mars contre M. Manuel, et dans l'exécution scandaleuse qu'elle a reçue.

Le 26 février dernier, M. Manuel monte à la tribune pour y discuter l'importante demande d'un crédit de *cent* millions, c'est-à-dire la question de la paix et de la guerre. Son but était de démontrer les dangereuses conséquences de la guerre contre l'Espagne, et surtout de réfuter dans toutes ses parties le discours lu le 25 février par M. le vicomte de Châteaubriand, ministre des affaires étrangères, discours pompeusement annoncé et applaudi d'avance, dans plus d'un cercle de la capitale.

M. Manuel avait un avantage décidé sur son noble adversaire, et une réponse improvisée foudroyait des argumens *ministériels* longuement médités et habilement classés.

A l'instant où, réfutant l'un de ces argumens pris des dangers qui, selon le ministre, menaçaient les jours du roi d'Espagne, M. Manuel disait, en s'adressant aux membres du côté droit : « Auriez-vous donc oublié que, dès le moment où » les puissances étrangères envahirent le terri-

» toire français, la France *révolutionnaire* sentant
» le besoin de se défendre par des forces nouvelles,
» par une nouvelle énergie... »

Ici M. Manuel a été interrompu par les cris *à
l'ordre!* partis du côté droit. Le président, qui pouvait, qui devait calmer cet accès de fureur, comme
il venait de le faire lorsque M. Manuel avait qualifié de l'épithète d'*atroce* le premier gouvernement
de Ferdinand, au lieu de demander qu'on laissât
l'orateur achever sa phrase, a abondé doublement
dans le sens des interrupteurs ; et de cette voix qui
commande le silence, parce qu'elle domine toutes
les autres, il déclare à l'assemblée qu'il lui est impossible de ne pas lui faire remarquer que la manière dont l'orateur vient de s'exprimer s'écarte
entièrement de l'ordre. « M. Manuel, dit-il, en
» parlant d'un événement qui a fait couler les
» larmes de la France, et qui sera l'objet d'un re-
» gret éternel, l'a qualifié d'*énergie* : je répète,
» ajoute M. Ravez, les propres paroles de l'ora-
» teur; il les a même prononcées au moment où
» il venait de parler de l'infortuné Louis XVI ! »

Voilà ce qui a été avancé par M. le président,
pour essayer de motiver le rappel à l'ordre de
M. Manuel.

M. Ravez sans doute éprouvait le besoin d'excuser ce rappel à l'ordre ; mais devait-il, pour y parvenir, se permettre d'interpréter ainsi qu'il l'a fait
une phrase non terminée, et lui donner, par cette
insidieuse interprétation, un sens criminel qu'elle
n'avait pas? Dans aucune autre circonstance le
président n'a rappelé à l'ordre avant d'avoir at-
tendu ou provoqué une explication de la part de
l'orateur.

Ce premier tort de M. le président a été suivi
d'un second non moins grave.

Si l'article 21 (1) du règlement donne au président la faculté de rappeler à l'ordre l'orateur qui s'en écarte, ce n'est qu'à la condition *que la parole sera accordée à celui qui, rappelé à l'ordre, s'y est soumis et demande à se justifier.*

M. Manuel a vainement réclamé l'usage d'un droit garanti par une disposition formelle du règlement : le devoir du président était de lui en assurer l'exercice ; il ne l'a pas rempli ; le tumulte qui régnait alors dans l'assemblée ne peut lui servir d'excuse. Ce tumulte, pourquoi existait-il ? pourquoi n'était-il pas réprimé par M. le président ? Pourquoi ?..... Les noms des principaux auteurs de ces scènes scandaleuses seront ma réponse.

Ce tumulte, le président avait bien su l'apaiser, lorsqu'il avait voulu motiver son rappel à l'ordre.

Ce tumulte, c'était surtout le rappel à l'ordre qui l'avait excité, en fournissant un prétexte aux fureurs du parti, par l'injustice de la condamnation que ces fureurs avaient provoquée.

Au surplus, il est positif que le président n'a pas même, dans cette circonstance solennelle, rappelé les termes de l'article 21, à l'exécution duquel rien ne l'autorisait à se soustraire.

Le président, toujours si inflexible vis-à-vis du côté gauche, et toujours si docile vis-à-vis du côté droit, annonce que la séance est suspendue pour une heure, et invite les députés à se retirer dans les bureaux. Les membres qui siégent à gauche et au centre gauche restent sur leurs bancs et persévèrent dans une attitude calme et un silence religieux : les bancs du côté droit se dégarnissent entièrement ; ceux qui venaient de les occuper s'étaient rendus dans les bureaux. Que devaient-ils y faire ? Y rester pendant une heure sans y délibérer. Ils y délibérèrent pourtant, et nommèrent un commissaire par bureau pour former une commission, qui a pu être qualifiée d'insurrectionnelle, puisqu'elle était illégalement nommée.

L'heure étant écoulée, la séance est reprise. Un membre de cette commission obtient la parole, et, sous le prétexte d'un rappel au règlement, propose *l'expulsion de M. Manuel*. Ceux des députés de la droite qui étaient dans le secret de cette étrange proposition crièrent aux voix avec fureur. M. le président a su, il faut en convenir, dans cette circonstance, résister à la violence des vociférateurs, et a déclaré qu'il était trop jaloux de l'estime de la Chambre pour mettre aux voix une proposition sur laquelle aucune discussion ne pouvait être admise, puisqu'elle n'était pas présentée dans les formes *voulues* par le règlement.

Ce n'était pas parce que la proposition n'était pas faite dans les formes voulues qu'elle ne devait pas être discutée ; elle ne devait pas l'être, parce qu'elle était une violation de la Charte, un attentat contre la souveraineté électorale, une attaque contre la prérogative royale.

Voilà ce qui devait empêcher la Chambre de l'examiner, voilà les motifs sur lesquels M. le président devait s'appuyer pour s'y opposer.

Je le lui demande, aurait-il dit : Je ne mets pas en délibération, parce qu'elle n'est pas faite dans les formes voulues, une proposition dont le but eût été de faire réduire la liste civile ? Aurait-il laissé discuter une proposition tendante à démontrer qu'il ne peut exister de véritable gouvernement représentatif, là où les Chambres sont privées d'un droit qui devrait leur appartenir, celui de l'initiative des lois ? Aurait-il permis de délibérer sur la proposition qui aurait établi que le président de la Chambre devrait être nommé sans le concours de l'autorité royale ? Non, sans doute ; il eût alors fait usage de la plénitude de son autorité, et n'eût pas souffert que de semblables questions fussent débattues. Cependant ces propositions n'eussent point été plus inconstitutionnelles que celle d'exclure de la Chambre un député légalement nommé et régulièrement admis.

Les deux pouvoirs qui concourent successivement à la nomination définitive du président, devaient l'avertir suffisamment que son devoir est de défendre avec un égal courage les droits de la royauté constitutionnelle et ceux de la chambre : s'il en eût été bien convaincu, il eût usé de l'autorité que lui donne le règlement, non pour interpréter injurieusement une phrase non achevée, mais pour réduire au silence le parti qui se serait obstiné à troubler l'ordre par ses clameurs.

C'était là ce que lui dictait la conscience de ses devoirs. Les a-t-il respectés en autorisant M. de La Bourdonnaye à développer sa proposition ?

M. le président a violé l'article 21 du règlement en persistant à ne point accorder la parole à M. Manuel pour se justifier après son rappel à l'ordre. N'était-il pas obligé de la lui donner, et ne serait-il pas parvenu à le faire écouter, s'il eût refusé, comme il l'aurait dû, la parole à M. de La Bourdonnaye ou à tout autre, jusqu'à ce que M. Manuel eût été entendu ? N'était-il pas juste de déclarer qu'aucun membre de la Chambre ne pouvant parler qu'en vertu du règlement, il fallait avant tout que le député rappelé à l'ordre obtînt la parole aussitôt après son rappel à l'ordre pour se justifier ?

M. le président prétendrait-il s'excuser en disant qu'il ne lui a pas été possible de faire consentir la chambre à entendre M. Manuel ? mais qui l'empêchait alors de lire la lettre (2) qui, dans cette supposition, venait de lui être remise par M. Manuel ? C'était un acte de justice; c'était de plus une obligation à laquelle l'article 12 (3) du règlement ne lui permettait pas de se soustraire. Cette lettre, écrite à l'instant même, termine la phrase au milieu de laquelle M. Manuel, avait été interrompu par M. le président, et elle la termine d'une manière tellement satisfaisante, que si cette lettre eût été lue, il est présumable que la proposition de M. de La Bourdonnaye n'eût point été faite.

Mais le président n'est jamais arrêté par les dispositions textuelles du règlement lorsque l'exécution n'en est réclamée que par l'opposition : s'il la compte pour peu, il devrait au moins compter ses devoirs pour quelque chose.

M. le président a méconnu sciemment, dans cette séance, les dispositions les plus importantes du règlement de la Chambre : aux violations des articles 12 et 21, il a joint celle de l'article 15 (4), puisqu'il s'est permis de prendre sur lui de lever la séance sans indiquer l'ordre du jour du lendemain, ordre du jour qui ne peut être annoncé avant de consulter la Chambre. Croit-on que la Chambre, interrogée par son président, aurait consenti à interrompre l'importante discussion de la guerre d'Espagne pour se livrer à l'examen d'une proposition isolée, attentatoire à la Charte ? Et si telle avait été sa détermination, le président ne devait-il pas la lui faire constater, afin qu'on ne pût dire, avec une grande apparence de raison, qu'il avait substitué sa volonté à celle de la Chambre ?

L'accusateur de M. Manuel, qui est devenu rapporteur, a lu le 1er. mars un rapport au nom d'une commission composée de MM. Hyde de Neuville, Dussumier-Fombrune, de La Bourdonnaye, Clausel de Coussergues, de Bouville, Pardessus, Forbin-des-Issarts, Cardonnel et de Croï-Soire.

Les conclusions de cette commission portaient l'exclusion de M. Manuel, député de l'arrondissement de Fontenay (5), à raison du discours qu'il a prononcé dans la séance du 26 février.

La double conséquence de ces conclusions était de priver un département d'un député, ou de faire violence à la prérogative royale; car enfin le département était privé d'un député si le roi n'avait pas convoqué le collége électoral de l'arrondissement de Fontenay; et cependant les colléges ne peuvent être convoqués que dans deux cas prévus par les lois, la mort ou la démission d'un député; dans tout autre, le gouvernement ne peut recevoir d'ordre de la Chambre pour réunir un collége.

Les ministres ont déclaré sans doute à leur majorité qu'ils ne pourraient se dispenser, pour conserver les droits de la couronne, de combattre de semblables conclusions. Peut-être ont-ils ajouté que la convocation du collége de Fontenay ne serait qu'un moyen de ménager un nouveau triomphe à M. Manuel. C'est cette considération qui vraisemblablement aura décidé M. Hyde de Neuville à déclarer que M. Manuel ne pouvait être exclu que pendant la session actuelle; et M. de La Bourdonnaye a confirmé cette déclaration, quoiqu'elle ne soit nullement d'accord avec ce qu'il avait dit dans son rapport et dans le développement de sa proposition (6). Cette explication tout-à-fait inattendue, donnée par M. Hyde de Neuville, adoptée aussitôt par M. le rapporteur, altérait sensiblement les conclusions présentées au nom de la commission (7), et avait pour but de rendre la réélection de M. Manuel impossible pendant toute la durée de la session, tandis que cette impossibilité ne résultait pas de la proposition de M. de

---

(*) C'est par erreur, car il a opté pour l'arrondissement des Sables.

La Bourdonnaye, et que sous ce rapport elle était peut-être un peu moins subversive des principes du gouvernement représentatif. L'interprétation indiquée par M. Hyde de Neuville était en réalité une proposition toute nouvelle, et pourtant elle n'a pas été considérée comme telle : M. le président s'est borné à la présenter comme un amendement, et dès lors il a été facile de s'apercevoir qu'elle avait été la transaction convenue entre un ministère faible et une majorité toute-puissante. Le président, sans doute, était dans la confidence; l'on doit du moins le croire, si l'on se rappelle tout ce qu'il a fait, pour faire adopter ce *mezzo termine* par la Chambre.

Toutes les questions préjudicielles devaient être examinées avant de traiter le fond de la question.

Les députés qui demandèrent la parole pour approfondir ces questions avaient, pour l'obtenir, une foule de précédens en leur faveur; et, ce qui devrait valoir mieux encore, ils avaient pour eux la justice.

Le président prétendit et décida que ces orateurs n'avaient pas le droit de discuter la compétence de la Chambre; qu'une fois cette compétence admise, ils ne pourraient lui demander d'établir les formes à suivre dans le jugement qu'elle allait rendre, de fixer à quel nombre de voix il serait prononcé, s'il le serait au scrutin ou par assis et levé.

Lorsque la Chambre des pairs a été appelée à infliger des peines, elle n'a pas manqué du moins de suppléer par le droit commun à la loi qui aurait dû précéder et régler sa juridiction; elle aurait rougi de déclarer que le prévenu devait être privé de toutes les formes protectrices établies par la loi en matière de poursuites pénales.

Le président était tellement animé du désir de

faire consentir la Chambre à voter la transaction convenue entre le ministère et quelques députés influens de la majorité, que la discussion n'a été réellement ouverte que pour la forme, puisqu'elle a été fermée long-temps avant que la liste des défenseurs des principes constitutifs de la Charte eût été épuisée : quatre seulement furent entendus.

La clôture, demandée depuis long-temps, fut votée par une Chambre constituée en tribunal, qui donnait le funeste exemple de limiter la défense, sous le prétexte ridicule que ce n'était pas appliquer une peine que d'annuler les droits civiques d'un citoyen, de conserver à un député son titre en faisant usage de la violence pour l'empêcher d'en remplir les fonctions.

Ceci, j'en conviens, est sans précédens dans l'histoire des gouvernemens représentatifs. Je désire et j'appelle de tous mes vœux le moment où ce précédent sera rayé de nos registres.

Pourra-t-on croire qu'une peine du genre de celle appliquée à M. Manuel, non préexistante au délit, ait été votée par assis et levé avec cette indifférence dont la chambre n'offre que trop souvent le déplorable spectacle, lorsqu'elle prononce sur les pétitions qui lui sont soumises ?

Le président ne devait-il pas consulter la chambre pour savoir s'il devait procéder à l'appel nominal ? La pudeur lui en imposait la loi, et l'article 35 (8) du règlement lui en donnait la possibilité.

Mais je dois encore ajouter aux violations du règlement précédemment rapportées, celle d'avoir négligé de remplir un devoir prescrit par l'article 51 (9) : il devait, avant de fermer la discussion, consulter la chambre pour savoir si elle se considérait comme suffisamment instruite. C'est sur ce point qu'elle exprime son opinion par assis et levé. Déclare-t-elle qu'elle est suffisamment instruite, on procède au scrutin, aux termes de l'article 33. Cette forme de délibération est nécessaire pour donner le caractère de la légalité à une résolution de la Chambre ; et quoiqu'il soit difficile, j'en conviens, de qualifier l'acte d'exclusion du député de la Vendée, il est impossible pourtant de ne pas reconnaître que c'est là une résolution de la Chambre. Mais cette résolution ne pouvait acquérir de force qu'après la lecture du procès verbal de la séance dans laquelle elle était votée : jusque-là elle n'était obligatoire ni pour M. le président, ni pour la Chambre, ni pour aucun de ses membres ; elle n'aurait pu tout au plus le devenir que par l'adoption du procès verbal ; car, dans cette circonstance, l'on ne pouvait se dispenser d'assimiler le procès verbal à un jugement de condamnation, et l'on sait assez qu'il ne peut être exécuté qu'après signification, même quand il est rendu en présence du condamné.

M. le président, avant cette lecture, ne pouvait donc se permettre d'interdire l'entrée de la chambre à M. Manuel ; et cependant il avait fait donner une consigne pour la lui défendre. C'est l'existence de cette consigne qui lui avait fait dire que M. Manuel s'était introduit dans la salle : les accès ne pouvaient lui en être fermés ; il avait le droit d'y occuper sa place accoutumée ; son exclusion illégale n'avait pas même encore été régulièrement prononcée, et la résolution de la Chambre ne lui avait pas été signifiée.

M. le président devait donc, avant tout, aux termes de l'article 16 (10) du règlement, ouvrir la séance du 4 mars par la lecture du procès verbal de la séance de la veille ; il ne l'a pas fait. A cette violation de l'article 16, il en a joint beaucoup d'autres : il s'est permis de suspendre la séance pendant une heure; et ce droit, d'après l'article 25 (11), il ne peut l'exercer que s'il n'a pu parvenir à rétablir le calme dans l'assemblée. La preuve qu'il n'avait point été troublé, c'est que M. Ravez ne s'est pas couvert : ce qu'il doit toujours faire avant d'annoncer la suspension de la séance. Il n'y avait aucun motif pour la suspendre; jamais, peut-être, l'assemblée n'a montré plus de dignité, plus de calme, plus de majesté que dans cette mémorable circonstance.

Le président pouvait prévoir néanmoins qu'un orage succéderait à cette tranquillité; mais cette prévision ne lui conférait pas la puissance d'employer des mesures dont il n'avait le droit de faire usage qu'après que l'orage aurait éclaté : ce qu'il avait le droit de faire, il ne l'a pas fait; il a fait positivement ce qu'il ne devait pas faire : il a suspendu la séance, et il ne le pouvait point. Il se retire dans son cabinet, et ce cabinet devient un véritable quartier-général ; des militaires de différens grades sont expédiés pour donner des avertissemens et demander des ordres, et il n'en est pas qui puissent justifier la conduite de M. Ravez; car son devoir était de résister à tous ceux qui pouvaient compromettre la dignité d'une Chambre qui lui a fait l'honneur de le placer à sa tête.

Les salles du palais du Corps Législatif se remplissent de troupes, le siége du côté gauche et du centre gauche est décidé ; l'on en fait les préparatifs ; lorsqu'ils sont achevés, le président du Corps Législatif devenu tout à coup généralissime, prend le commandement des troupes de toutes les armes, envoie des huissiers comme parlementaires ; ils font une sommation, elle n'est pas écoutée. Alors M. Ravez donne l'ordre d'employer la force pour mettre à exécution la résolution inconstitutionnelle de la Chambre. La salle des députés est souillée par la présence des bayonnettes; elle aurait pu être teinte du sang de ses membres ; elle l'eût été sans doute si quelques-uns d'entre eux eussent opposé la force pour résister à la violence, car des actes de violence ont été commis envers plusieurs députés.

Les présidens des anciennes compagnies judiciaires ne donnaient pas l'ordre d'en arrêter les membres ; ils avaient le sentiment de leur dignité. Ce sentiment, où M. Ravez le place-t-il ? Lors même que dans cette circonstance M. Ravez eût exercé un droit donné par le règlement de la Chambre, il aurait manqué à toutes les convenances. Où existe-t-il ce droit ? Je ne le vois nulle part. Je ne le trouve même pas dans l'article 91 (12) sur lequel M. Ravez s'est continuellement appuyé. Que porte cet article ? il dit : « La police de la » chambre lui appartient. A qui ? à la Chambre. » Elle est exercée en son nom par le président » qui donne à la garde de service les ordres né- » cessaires. »

Les ordres nécessaires sont donnés. A qui ? à la garde de service. Quelle est cette garde ? Elle se compose d'une compagnie sédentaire ou de vétérans, attachée au palais du Corps Législatif; elle reçoit une haute paie pour ce service; ses fonctions sont de maintenir l'ordre dans les salles, dans les tribunes, et d'en faire sortir celui ou ceux qui y exciteraient des troubles.

A la garde ordinaire de service est joint un poste d'honneur fourni par la garde nationale, et dont le devoir principal est de protéger les députés et de veiller à la sûreté de leurs personnes.

Comment M. Ravez a-t-il pu croire que l'article 91 l'investissait du pouvoir de donner des ordres à toute la force publique de la capitale, et qu'elle était tenue d'y obéir ? Mais si cela pouvait être, dans telle circonstance donnée le président du Corps Législatif deviendrait plus puissant que le chef de l'état, puisqu'il dépendrait de lui de faire arrêter les ministres du roi qui se trouveraient dans la Chambre. Peut-on imaginer qu'un semblable pouvoir puisse résulter d'une disposition réglementaire ? Une doctrine aussi subversive de la monarchie constitutionnelle est repoussée par l'opposition toute entière ; elle l'est également par tous les Français attachés à la Charte et dévoués à ses principes.

Le détachement de la garde nationale, à la tête duquel était le sergent Mercier, a prouvé dans la journée du 4 mars qu'il était un véritable poste d'honneur. Dès lors il n'a pu croire que l'honneur pût consister à porter la main sur un député, à l'*empoigner* dans le sein même du Corps Législatif. Ces braves gardes nationaux n'ont point oublié que le 15 mars 1815 le dépôt de la Charte constitutionnelle et de la liberté publique avait été confié par S. M. au courage et à la fidélité de la garde nationale.

L'article 52 de la Charte ne porte-t-il pas « qu'au- » cun membre de la Chambre ne peut, pendant » la durée de la session, être poursuivi ni arrêté, » sauf le cas de flagrant délit, qu'après que la » Chambre a permis sa poursuite ? »

La Chambre avait-elle été consultée ? La permission de faire arrêter un de ses membres avait-elle été donnée à M. le président ? Il me semble que rien ne le dispensait de la lui demander : c'est sans doute dans une semblable circonstance qu'elle devait être interrogée.

M. le président, en prenant sur lui de donner l'ordre d'arrêter un député, ne prétendra pas sans doute avoir pris M. Manuel en flagrant délit, en l'interrompant au milieu d'une phrase. Cette

excuse ou toute autre du même genre serait inad-
missible.

Rien, selon moi, ne peut excuser M. Ravez ;
rien ne peut excuser l'introduction de la gendarmerie de la préfecture de police dans le sein du
Corps Législatif.

Comment cette gendarmerie se trouvait-elle
dans l'intérieur du palais? Pourquoi y avait-elle
été introduite? L'usage que l'on devait en faire
avait donc été prévu? C'était donc pour profaner
par sa présence le sanctuaire de la législation
qu'elle avait été appelée?

M. le vicomte de Foucault, son colonel, a fait
entendre dans le temple des lois des paroles que
l'on supposait ne devoir jamais y être prononcées.
Ces paroles, je ne les lui reproche pas, chaque
profession parle la langue du métier : c'est sur
M. le président seul que tout l'odieux en retombe ;
il devait prévoir les suites et les conséquences de
l'ordre qu'il a pris sur lui de donner; il en de-
meure responsable, ainsi que de la violation des
principes constitutifs de la Charte, violation qui
explique et justifie le parti qu'a cru devoir prendre l'opposition, pour constater, dans cette grave
circonstance, par un acte solennel, la mutilation
de la représentation nationale et l'anéantissement
de la liberté de la tribune.

NOTES.

(1) *Copie textuelle de l'article 21 du règlement.*

« Le président rappelle à l'ordre l'orateur qui s'en écarte.
» La parole est accordée à celui qui, rappelé à l'ordre, s'y est
» soumis et demande à se justifier. »

(2) *Lettre de M. Manuel à M. le président.*

« Monsieur le président,

» L'état d'irritation dans lequel se trouve une partie de
» cette chambre me fait craindre de ne pouvoir trouver dans
» cette séance un moment de silence pour achever l'expression
» d'une pensée qui, je l'espère, ne trouvera plus d'improba-
» teurs de bonne foi dès l'instant qu'elle sera connue telle
» que j'ai voulu l'émettre, telle que devait la faire présumer
» d'avance ce que je venais de dire, telle enfin que vous n'eus-
» siez pu, sans injustice, la blâmer vous-même, si vous
» m'eussiez, cette fois comme dans une autre circonstance,
» permis d'achever ma phrase.
» M. le ministre prétendait trouver un motif de guerre
» dans le besoin de prévenir en Espagne des catastrophes pa-
» reilles à celles qui ont ensanglanté la révolution d'Angle-
» terre et la révolution française. Je répondais que le moyen
» qu'il adoptait me paraissait précisément le plus capable
» d'augmenter, au lieu de les diminuer, ces dangers qu'on
» supposait menacer un auguste personnage, et j'en donnais
» pour preuve les événemens qui avaient amené le renverse-
» ment des Stuarts et la mort de l'infortuné Louis XVI.
» Je demandais si l'on avait oublié qu'en France ce mal-
» heur avait été précédé par l'intervention armée des Prus-
» siens et des Autrichiens, et je rappelais comme un fait
» connu de tout le monde que c'est *alors que la France ré-*
» *volutionnaire sentant le besoin de se défendre par des for-*
» *ces et une énergie nouvelle.....* C'est ici que j'ai été inter-
» rompu; si je ne l'eusse pas été, ma phrase eût été pronon-

» cée ainsi : *Alors la France révolutionnaire sentant le besoin*
» *de se défendre par des forces et une énergie nouvelle, mit*
» *en mouvement toutes les masses, exalta toutes les passions*
» *populaires, et amena ainsi de terribles excès et une déplo-*
» *rable catastrophe, au milieu d'une généreuse résistance.*

» Personne plus que moi n'est résigné d'avance à toutes les
» préventions et même aux violences d'une partie des mem-
» bres de cette chambre, dont j'ai cru devoir combattre hau-
» tement et les principes et les efforts, parce que je crois, dans
» mon âme et ma conscience, que ces efforts et ces principes
» compromettent à la fois les intérêts du trône et ceux de la
» nation. Mais je ne dois point être privé, par des interrup-
» tions et un tumulte que vous-même avez trouvés sans excuse,
» du droit d'être entendu avant d'être jugé ; je ne veux point
» qu'il soit permis, même à la mauvaise foi, de me suppo-
» ser l'absurde projet d'insulter lâchement, sans motif, sans
» intérêt, aux malheurs d'augustes victimes dont la destinée
» affligea tous les cœurs généreux. Lorsque j'aurai parlé, je
» braverai le jugement des hommes passionnés, comme j'at-
» tendrai sans crainte celui des hommes justes. »

» J'ai l'honneur d'être,

» Monsieur le président,

» Votre très-humble serviteur.

» *Signé* MANUEL.

» Paris, ce 26 février 1823. »

(3) *Article 12 du règlement.*

« Le président donne, à chaque séance, connaissance à la
» chambre des messages, lettres et paquets qui la concernent. »

(4) *Article 15 du règlement.*

« Le président fait l'ouverture et annonce la clôture des
» séances ; il indique, à la fin de chacune, après avoir con-
» sulté la chambre, l'heure d'ouverture de la séance suivante
» et l'ordre du jour, lequel sera affiché dans la salle. Le pré-
» sident ne pourra néanmoins mettre aucun intervalle entre
» les séances, sans avoir pris l'avis de la chambre. »

(5) *Conclusions textuelles de la proposition de M. le comte*
de La Bourdonnaye.

« J'ai l'honneur de proposer à la chambre d'user du droit

» qu'a tout pouvoir politique de juger les délits commis par
» l'un de ses membres dans l'exercice de ses fonctions et dans
» l'enceinte du lieu de ses délibérations, en expulsant M. Ma-
» nuel, député du département de la Vendée. »

(7) *Conclusions textuelles de la commission dont M. de La Bourdonnaye a été le rapporteur.*

« Par tous ces motifs, votre commission a l'honneur de
» vous proposer d'exclure de votre sein M. Manuel, dé-
» puté de l'arrondissement de Fontenay, à raison du discours
» qu'il a prononcé dans votre séance du 26 février, et pour
» avoir par-là compromis l'honneur de son caractère de dé-
» puté, et la dignité de la chambre. »

(8) *Article 53 du règlement.*

« La discussion étant terminée, on procède au scrutin. Les
» secrétaires font le dépouillement, et le président en pro-
» clame le résultat en ces termes, La Chambre adopte, ou La
» Chambre n'adopte pas. »

(9) *Article 51 du règlement.*

« Avant de fermer la discussion, le président consulte la
» Chambre pour savoir si elle est suffisamment instruite. »

(10) *Article 16 du règlement.*

« A l'ouverture de chaque séance, et après la lecture du
» procès verbal. »

(11) *Article 25 du règlement.*

« Si la Chambre devient tumultueuse, et si le président ne
» peut la calmer, il se couvre. Si le trouble continue, il an-
» nonce qu'il va suspendre la séance; si le calme ne se réta-
» blit pas, il suspend la séance pendant une heure, durant
» laquelle les membres de la Chambre se réunissent dans leurs
» bureaux respectifs. L'heure expirée, la séance est reprise de
» droit. »

(12) *Article 91 du règlement.*

« La police de la Chambre lui appartient. Elle est exercée
» en son nom par le président, qui donne à la garde de ser-
» vice les ordres nécessaires. »

GARDE NATIONALE,

4me. LÉGION, 3me. BATAILLON, 1re. COMPAGNIE.

Poste de service à la Chambre des Députés le 4 mars 1823.

MM. DEFRÉMOND, capitaine en second.
MERCIER, sergent, rue aux Fers, n°. 30.
SWALS, caporal, était absent.

GARDES NATIONAUX.

MM. MADINIER, *graveur*, rue aux Fers, n°. 12.
GAILLARD, *débitant de tabac*, marché aux Poirées.
GLÈZE, *architecte*, rue Saint-Denis, n°. 103.
MICHELET, *tailleur*, rue Saint-Denis, n°. 49.
COUVERCHEL, *bonnetier*, rue Saint-Denis, n°. 113.
GILBERT, *coiffeur*, rue de la Ferronnerie, n°. 10.
MICHELON, *marchand mercier*, rue Saint-Denis, n°. 113.
NOAILLES, *marchand de nouveautés*, rue aux Fers, n°. 14.
CHAILLY, *marchand gantier*, rue Saint-Denis, n°. 111.

FIN.